Inhalt

MicroBilG - Verabschiedung eines Regierungsentwurfs zum Kleinstkapitalgesellschaften-Bilanzrechtsänderungsgesetz

Kernthesen

Beitrag

Fallbeispiele

Weiterführende Literatur

Impressum

MicroBilG - Verabschiedung eines Regierungsentwurfs zum Kleinstkapitalgesellschaf Bilanzrechtsänderungsg

Annett Kaindl

Kernthesen

- Die Bundesregierung entlastet Kleinstkapitalgesellschaften durch Erleichterungen bei den Bilanzierungsvorschriften.
- Wesentliche vorgesehene Erleichterungen sind die Aufstellung einer verkürzten Bilanz und GuV sowie die Befreiung von der

Pflicht zur Erstellung eines Anhangs.
- Zudem muss der Jahresabschluss nicht mehr im Bundesanzeiger veröffentlicht, sondern lediglich hinterlegt werden.

Beitrag

Erleichterungen bei der Bilanzierung für Kleinstkapitalgesellschaften

Das Bundeskabinett hat am 19.09.2012 den Entwurf des Kleinstkapitalgesellschaften-Bilanzrechtsänderungsgesetzes (MicroBilG) verabschiedet. Das Gesetz geht auf Regelungen der Europäischen Union (Micro-Richtlinie) zurück und soll für sogenannte Kleinstkapitalgesellschaften Erleichterungen bei den handelsrechtlichen Rechnungslegungspflichten bringen. (2), (3), (5)

Im deutschen Handelsgesetzbuch (HGB) existieren bereits verschiedene größenabhängige Rechnungslegungspflichten. Schon heute unterscheidet das HGB zwischen kleinen, mittelgroßen und großen Kapitalgesellschaften und knüpft bestimmte Rechnungslegungs- und

Publizitätspflichten an die Einordnung der Gesellschaft in eine bestimmte Größenklasse. (1)

Kleinstbetriebe in der Rechtsform der Kapitalgesellschaft unterlagen bislang den für kleine Kapitalgesellschaften geltenden Regelungen und waren damit umfangreichen Rechnungslegungspflichten ausgesetzt, die insbesondere der Sicherstellung des Gläubigerschutzes sowie der Information von Gesellschaftern, Kreditgebern und anderen Interessierten dienten. Für Unternehmen, die allerdings nur über eine geringe Bilanzsumme, geringe Umsatzerlöse und wenige Arbeitnehmer verfügen, stellen diese Pflichten hohe Belastungen dar. (1), (4)

Der nachfolgende Beitrag stellt die wesentlichen Neuerungen des MicroBilG dar und setzt sich kritisch mit den einzelnen Regelungen sowie den angeblichen Erleichterungen auseinander.

Definition der Kleinstkapitalgesellschaft

Das MicroBilG erweitert die bereits im HGB bestehenden Größenklassen (kleine Kapitalgesellschaft, mittelgroße Kapitalgesellschaft sowie große Kapitalgesellschaft) um die

Unternehmenskategorie der sogenannten "Kleinstkapitalgesellschaft". Ein Unternehmen ist als "Kleinstkapitalgesellschaft" einzustufen, wenn es an den Abschlussstichtagen von zwei aufeinanderfolgenden Geschäftsjahren mindestens zwei der drei folgenden Größenkriterien nicht überschreitet:

- 350 000 Euro Bilanzsumme nach Abzug eines auf der Aktivseite ausgewiesenen Fehlbetrags - 700 000 Euro Umsatzerlöse in den zwölf Monaten vor dem Abschlussstichtag - durchschnittlich zehn Mitarbeiter im Jahr (3)

Es ist unerheblich, welche zwei der drei relevanten Kriterien nicht überschritten werden. Folglich ist es nicht erforderlich, dass an beiden Abschlussstichtagen die gleichen Größenkriterien nicht überschritten werden. Für eine zutreffende Rechnungslegung ist es notwendig, die Größenkriterien laufend zu überwachen. (1)

Geplante Erleichterungen für Kleinstkapitalgesellschaften

Eine zentrale Erleichterung im Rahmen des MicroBilG betrifft die Befreiung von der Pflicht zur Erstellung eines Anhangs. Der vollständige Verzicht auf die Aufstellung eines Anhangs wird

Kleinstkapitalgesellschaften allerdings nur gewährt, wenn folgende Angaben unter der Bilanz erfolgen: Angaben zu Haftungsverhältnissen, zu Vorschüssen und Krediten an Mitglieder der Verwaltungs-, Geschäftsführungs- oder Aufsichtsorgane und über Transaktionen eigener Aktien. (3)

Eine wesentliche Erleichterung erhofft sich der Gesetzgeber im Rahmen des MicroBilG von der Möglichkeit für Kleinstkapitalgesellschaften, ihre Bilanz nur noch in verkürzter Form aufstellen zu müssen. (1)

Neben dem Wahlrecht zur Aufstellung einer verkürzten Bilanz sieht der Gesetzgeber auch die Möglichkeit vor, bei der Erstellung der Gewinn- und Verlustrechnung (GuV) eine verkürzte Gliederung zu wählen. Kleinstkapitalgesellschaften müssen ihre GuV nur noch wie folgt darstellen: (1)

- Nettoumsätze - sonstige Erträge - Materialaufwand - Personalaufwand - Abschreibungen - sonstige Aufwendungen - Steuern - Ergebnis

Geltungsbereich des ausländischen Rechts

Gelten die Erleichterungen für Kleinstkapitalgesellschaften auch für in Deutschland befindliche Zweigniederlassungen von Kapitalgesellschaften mit Sitz im Ausland? Für den Fall, dass ein ausländisches Unternehmen eine Zweigniederlassung in Deutschland hat, sieht das geplante Gesetz Folgendes vor:

Die Entscheidung darüber, ob die Kriterien zur Einstufung der in Deutschland befindlichen Zweigniederlassung als Kleinstkapitalgesellschaft erfüllt sind, bestimmt sich nicht nach den Kriterien des MicroBilG, sondern es ist das Recht des Staates anzuwenden, in dem sich die Hauptniederlassung der Gesellschaft befindet. (1)

Verminderte Offenlegungspflichten und Beschränkung der Einsichtsrechte

Kleinstkapitalgesellschaften wird freigestellt, ob sie ihrer Offenlegungspflicht gemäß HGB durch eine Veröffentlichung (Bekanntmachung der Rechnungslegung) oder nur durch Hinterlegung der Bilanz nachkommen. Mit diesem Wahlrecht wird Kleinstkapitalgesellschaften die Möglichkeit eingeräumt, eine für jeden Dritten unmittelbar zugängliche Offenlegung der Bilanz bewusst zu umgehen und somit die Einsichtsbarrieren in Unternehmensinformationen zu erhöhen. Für Dritte ist es nur auf Antrag an das Unternehmensregister möglich, eine Kopie der hinterlegten Bilanz einer Kleinstkapitalgesellschaft zu erhalten. Somit ist die Einsichtnahme zwar für jedermann möglich, es bedarf allerdings eines Antrags. Die elektronische Übermittlung der hinterlegten Bilanz ist für denjenigen, der sie anfordert, kostenpflichtig. (1), (3)

Zulässigkeit der Zeitbewertung

Für Kleinstkapitalgesellschaften, die bestimmte der neu durch das MicroBilG eingeführten Erleichterungen in Anspruch nehmen, ist die Zeitwertbilanzierung ausgeschlossen. Eine Bewertung zum Zeitwert ist für Kleinstkapitalgesellschaften, die keinen vollständigen Jahresabschluss erstellen, damit nicht möglich. (1)

Spezifische Regelungen für Konzerne

Vom Gesetzgeber wird ausdrücklich geregelt, dass Tochterunternehmen, die Kleinstkapitalgesellschaften darstellen, für ihre Einbeziehung in den Konzernabschluss die für kleine Kapitalgesellschaften geltenden Vorschriften zu beachten haben. Das heißt:

Kleinstkapitalgesellschaften können im Rahmen der Konzernrechnungslegung die Erleichterungen des MicroBilG nicht wahrnehmen. (1)

Kritik

Der Gesetzgeber rechnet mit jährlichen Erleichterungen für die Wirtschaft durch das MicroBilG von rund 35 Millionen Euro. Damit sind keine nennenswerten Auswirkungen in der Unternehmenspraxis zu erwarten. Geht man beispielsweise davon aus, dass rund 500 000 Unternehmen in den Genuss der durch das MicroBilG vorgesehenen Erleichterungen kommen, beträgt die vom Gesetzgeber erwartete Kostenersparnis rund 70 Euro pro Jahr und pro Unternehmen. Sollten nur rund 100 000 Unternehmen die Erleichterungen nutzen können, verfünffacht sich der Wert auf rund 350 Euro pro Jahr und Unternehmen. Eine wesentliche Reduktion der Kosten für deutsche Unternehmen stellen diese Beträge nicht dar.

Kritisch ist das Nebeneinander von unterschiedlichen Publizitätsumfängen zu sehen. Das beliebige Kombinieren beispielsweise der Inanspruchnahme der Erstellung einer verkürzten Bilanz und/oder einer verkürzten GuV sowie die Wahlmöglichkeit zur Erstellung eines Anhangs erschweren die

Vergleichbarkeit von Jahresabschlüssen und deren Analyse deutlich.

Die Grenzen der angedachten Erleichterungen sind aus Sicht der Adressaten von Rechnungslegungsinformationen kritisch zu hinterfragen: Gesellschafter und auch Banken werden weiterhin den Mindestumfang der erwarteten Informationen individuell festlegen, so dass gesetzliche Vorgaben keine Rolle spielen. (1)

Zusammenfassend kann festgestellt werden, dass ein signifikanter Mehrwert für die Wirtschaft, im Besonderen für die Bilanzierungspraxis, durch das MicroBilG nicht zu erwarten ist.

Trends

Damit die betreffenden Gesellschaften von den durch das MicroBilG vorgesehenen Erleichterungen möglichst schnell profitieren können, sollen die meisten Erleichterungen für alle Geschäftsjahre gelten, deren Abschlussstichtag nach dem 30.12.2012 liegt. Bilanzierende mit einem kalendergleichen Geschäftsjahr könnten demnach bereits zum 31.12.2012 die für Kleinstkapitalgesellschaften vorgesehenen Erleichterungen in Anspruch nehmen. (2)

Fallbeispiele

Die XY Ltd., deren Hauptniederlassung sich in Großbritannien befindet, hat eine Zweigniederlassung in Deutschland. Die in Deutschland befindliche Zweigniederlassung erfüllt nach deutschem Recht die Größenkriterien, wonach die Zweigniederlassung als Kleinstkapitalgesellschaft gelten würde. In Großbritannien erfolgte bislang keine Umsetzung der Micro-Richtlinie in britisches Recht. Das führt dazu, dass die in Deutschland befindliche Zweigniederlassung die durch das MicroBilG eingeführten verminderten Offenlegungspflichten für Kleinstkapitalgesellschaften nicht in Anspruch nehmen kann.

Die XY GmbH ist Tochterunternehmen eines Konzerns. Die XY GmbH erfüllt die Größenkriterien, wonach sie als Kleinstkapitalgesellschaft einzustufen ist. Für den handelsrechtlichen Einzelabschluss kann die XY GmbH die durch das MicroBilG vorgesehenen Erleichterungen in Anspruch nehmen. Im Rahmen der Konzernrechnungslegung kann die XY GmbH die Erleichterungen des MicroBilG indes nicht anwenden. [1]

Weiterführende Literatur

(1) MicroBilG: Bilanzierungs- und Offenlegungserleichterungen für Kleinstkapitalgesellschaften fraglich
aus Betriebs Berater Heft 36/2012 Seite 2231

(2) Wochenüberblick
aus Betriebs Berater Heft 36/2012 Seite I

(3) Kreipl/Müller: Mögliche Implikationen der diskutierten EU-Bilanzrechtsänderungen auf die deutsche Rechnungslegung
aus Die Steuerberatung vom 01.09.2012, Heft 09/2012 Seite 398 - 410

(4) Einfachere Bilanz für eine halbe Million Unternehmen
aus Frankfurter Allgemeine Zeitung, 31.07.2012, Nr. 176, S. 15

(5) Entwurf des MicroBilG verabschiedet
aus Der Aufsichtsrat Nr. 10 vom 15.10.2012 Seite 152

Impressum

MicroBilG - Verabschiedung eines Regierungsentwurfs zum Kleinstkapitalgesellschaften-Bilanzrechtsänderungsgesetz

Bibliografische Information der deutschen Nationalbibliothek

Die Deutsche Nationalbibliothek verzeichnet diese Publikation in der deutschen Nationalbibliografie; detaillierte bibliografische Daten sind im Internet über http://dnb.d-nb.de abrufbar.

ISBN: 978-3-7379-1417-8

© 2015 GBI-Genios Deutsche Wirtschaftsdatenbank GmbH, Freischützstraße 96, 81927 München, www.genios.de

Alle Rechte vorbehalten. Dieses Werk ist einschließlich aller seiner Teile – z.B. Texte, Tabellen und Grafiken - urheberrechtlich geschützt. Jede Verwertung außerhalb der Grenzen des Urheberrechtsgesetzes bedarf der vorherigen Zustimmung des Verlags. Dies gilt insbesondere auch für auszugsweise Nachdrucke, fotomechanische Vervielfältigungen (Fotokopie/Mikroskopie), Übersetzungen, Auswertungen durch Datenbanken oder ähnliche Einrichtungen und die Einspeicherung und Verarbeitung in elektronischen Systemen.